Género Ficción históri

I0800878

Pregunta esencial

¿Por qué la gente emigra a otros lugares?

La promesa de la Montaña de Oro

Emma Turner ◆ ilustrado por Nicole Wong

Capítulo 1

Desde China hasta Gum San

Me llamo Wai Ming y les voy a contar por qué vine a Estados Unidos. Nací en un pequeño pueblo en China. Mis padres eran unos granjeros muy pobres. Trabajaban mucho, pero tenían una vida difícil. Algunas veces no teníamos lo suficiente para comer.

Un día, llegaron noticias fascinantes a nuestro pueblo.

—¿Adivinen qué? —dijo mi hermana—. ¡Han descubierto oro en un lugar llamado California!

Pronto, comencé a soñar con viajar a Gum San, o la Montaña de Oro. Quería hacerme rico. ¡Si hiciera una fortuna, todos los problemas de mi familia se resolverían! Pude ver que mis padres estaban preocupados. Pero no me obligaron a quedarme en China.

Todo sucedió muy rápido. Seis semanas más tarde, me encontraba en un barco rumbo a California.

—¿Cuántos años tienes? —me preguntó un hombre llamado Wu.

—Diecisiete —respondí, intentando parecer valiente.

—Eres muy joven para estar solo —dijo el señor Wu—. Quédate conmigo. Yo te cuidaré.

El viaje en barco por el océano Pacífico duró ocho semanas. Me sentí mareado todo el tiempo. El océano estaba muy agitado. ¡La comida también era muy mala! Finalmente, llegamos a San Francisco. La fiebre del oro había invadido la ciudad. Todas las tiendas y almacenes vendían bateas y palas. Había 500 barcos vacíos en el puerto. ¡Todos los miembros de la tripulación se habían ido en busca de oro!

AHORA COMPRUEBA

¿Por qué Wai Ming se fue de China?

Capítulo 2

La primera concesión

En el campamento, los mineros sentían mucha curiosidad por nosotros. Algunos miraban nuestros palillos. Quizás pensaban que era un tipo de ábaco. Otros señalaban las largas trenzas que colgaban por nuestras espaldas o nos miraban fijamente cuando hablábamos.

—¿Por qué nos miran? —le susurré al señor Wu.

—Nunca han visto a gente de China —me contestó.

El señor Wu me encontró un trabajo de inmediato. Todos los días, bajaba al río con un bulto que contenía herramientas simples: una batea y una pala. Llenaba la batea con arena y grava del río. Luego, batía la batea y buscaba pepitas de oro que brillaran en el fondo. Trabajaba 12 horas cada día. Por la noche, dormía como un tronco.

Detective del lenguaje

El sustantivo trabajo, ¿es masculino o femenino?

Después de seis meses, empecé a extrañar mi hogar. ¡Hasta extrañaba a mi molesta hermanita! Debía darle todo el oro al estadounidense rico para el que trabajaba. Debía enviar todo mi dinero al hombre que había pagado mi viaje a California. Aún no había ahorrado nada.

Una noche, el señor Wu me dijo:

—¡Buenas noticias! Puedo quedarme con una concesión que otros mineros han abandonado. ¡Ahora puedes trabajar para mí!

AHORA COMPRUEBA

¿Por qué estaba triste Wai Ming?

Capítulo 3

Nuevas oportunidades

Unos 50 hombres explotaban la concesión del señor Wu, una pequeña área donde se nos permitía buscar oro. Estaba entre peñascos. Le llamábamos el Arroyo de los Cuervos, que era el nombre que le daban los indígenas al lugar. Construimos un dique y un molino de agua para sacar el agua del lugar. Esto nos permitió cavar en el lecho del río seco para buscar oro. Nuestro sistema funcionaba como una máquina bien aceitada.

Trabajábamos muchas horas, toda la semana. Pero nuestro arduo trabajo se vio recompensado. Comenzamos a encontrar oro para vender. Finalmente, pude enviar dinero a mis padres. También empecé a ahorrar un poco de dinero.

Detective del lenguaje	¿Cuál es la abreviatura de la palabra subrayada?

Un día, llegaron a nuestra concesión unos mineros estadounidenses. Estaban celosos porque habíamos encontrado oro en una vieja concesión abandonada.

—California es parte de Estados Unidos ahora —dijo uno de los hombres—. Queremos que este oro sea nuestro.

Los hombres se quedaron con la concesión del señor Wu. No hubo nada que pudiéramos hacer para detenerlos. Mientras nos alistábamos para partir, el señor Wu me llamó.

—Ya no puedo cuidarte —me dijo—. Toma esto, muchacho. Buena suerte.

El señor Wu me dio una chaqueta vieja. Guiñó un ojo, dio la vuelta y se marchó.

AHORA COMPRUEBA

¿Por qué Wai Ming tuvo que partir?

Capítulo 4

Solo en América

En ese momento, sentí que perdía todas las esperanzas. Estaba completamente solo. Pensaba que mi familia en China no tenía nada. Pensaba en que había imaginado que todo sería muy fácil. ¿Qué podía hacer?

Luego, recordé el regalo del señor Wu. ¿Por qué me había dado esa chaqueta? El clima era templado. La chaqueta no tenía valor. Cuando me la puse, la sentí curiosamente pesada. ¡Había algo escondido en los bolsillos!

Volví a San Francisco. Usé parte del oro que el señor Wu había escondido en la chaqueta para poner una tienda de frutas y verduras. Después de un tiempo, mi negocio comenzó a andar bien. Ahora, envío a mi familia suficiente dinero para vivir muy bien en China. Están construyendo una casa con grandes ventanas, una azotea y un bello jardín.

Es posible que se pregunten por qué no regresé a mi tierra natal. Parte de mi corazón está en China. Llevo fotografías de mi madre y mi padre a cuanto lugar voy. A veces, a los chinos no nos tratan muy bien. Pero aquí gano más dinero que el que podría ganar en China. ¿Por qué emigré a Estados Unidos? Aquí hay muchos desafíos. ¡Pero también hay muchas oportunidades!

AHORA COMPRUEBA

¿Por qué Wai Ming se quedó en EE. UU.?

Respuesta a la lectura

Resumir

Usa detalles importantes como ayuda para resumir *La promesa de la Montaña de Oro.*

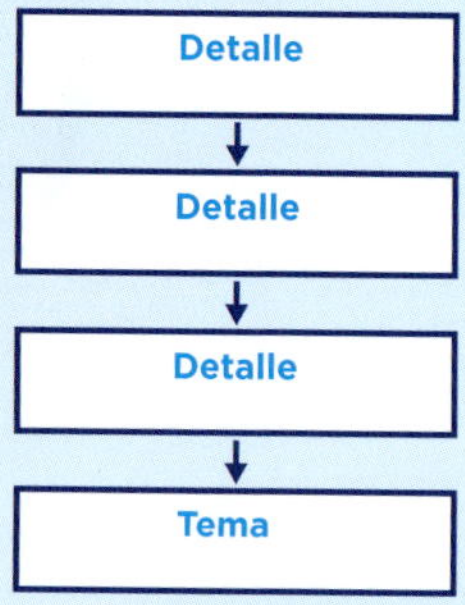

Evidencia en el texto

1. ¿Cómo sabes que esta es una ficción histórica? Género
2. ¿Por qué Wai Ming viajó a Estados Unidos? Usa detalles del cuento para apoyar tu respuesta. Tema
3. Explica el símil de la página 10. Símiles
4. ¿Por qué Wai Ming se quedó en Estados Unidos? Usa detalles importantes del cuento en tu respuesta. Escribir sobre la lectura

Género Texto expositivo

Compara los textos

Lee sobre la fiebre del oro en California.

¡ORO EN CALIFORNIA!

En 1848, sucedió algo muy apasionante. Un hombre encontró oro en un arroyo en California. Su nombre era James Marshall. Su jefe, John Sutter, intentó mantener el descubrimiento en secreto. Pero la noticia se propagó como reguero de pólvora. En poco tiempo, se conoció en la costa este de Estados Unidos. Los periódicos pusieron la noticia en sus primeras planas.

En pocos meses, la fiebre del oro comenzó. Miles de personas emigraron a California con la esperanza de volverse ricos. Algunos viajaron hacia el oeste en carreta. Cruzaron las llanuras, el desierto y las montañas. Otros rodearon América del Sur en barco. Ambas rutas eran peligrosas y se podía tardar meses.

RUTAS A CALIFORNIA

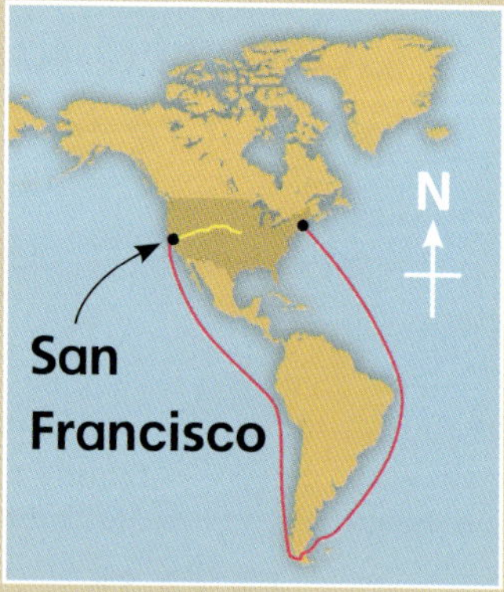

CLAVE
ruta por tierra
ruta por océano

Esta ilustración muestra a los hombres descansando durante el viaje.

Gente de otros países también fue a California. De México y Chile llegaron miles. En 1852, más de 20,000 chinos arribaron esperando encontrar oro.

La gente que vino a buscar oro cambió a California para siempre. En 1848, San Francisco era una pequeña ciudad de casi 800 personas. En 1852, era una ciudad con mucho movimiento. Más de 250,000 personas habían inundado California durante la fiebre del oro.

La moderna ciudad de San Francisco

Haz conexiones

¿Cómo cambió la fiebre del oro a California? **Pregunta esencial**

¿Qué partes de la historia de Wai Ming podrían ser verdaderas? **El texto y otros textos**

Enfoque: Género

Ficción histórica La ficción histórica narra una historia del pasado. El lugar podría ser real. Algunos detalles pueden provenir de hechos históricos. Pero los personajes principales a menudo son inventados.

Lee y descubre *La promesa de la Montaña de Oro* es sobre una persona inventada. Sin embargo, la autora estudió a los verdaderos inmigrantes chinos de la fiebre del oro. Por eso, el cuento tiene detalles realistas.

Tu turno

Elige una época del pasado y descubre hechos sobre ella. Escribe un cuento situado en el pasado. Tus personajes deben actuar como la gente de esa época.